JN418352

누구네 이중섭 그림

빛나는 시 100인선 · 3

누구네 이중섭 그림

김선영 시선집

인간과 문학사

시인의 말

두 번째 시선집을 꾸미며 그간 상재한 시집 열권을 훑어보니 자연이 많이 대상화되어 있고 그것이 반드시 사람의 마음과 끈이 이어져 있음을 발견하게 됩니다. 나는 아직까지 우주 만물의 매혹적인 사물, 혹은 정경들과 사랑해 왔다고 읽혀집니다. 그리고 장시 〈탈출하는 살〉에서는 '살'의 의미를 '인간의 소모되고 상실하는 시간'으로 보고 인간의 지워지는 생, 또 그 너머의 변주되는 생까지 보이지 않음의 세계에서 가시의 세계로 끌어내려는 작업을 쉬지 않고 해왔습니다. 근래에는 달과 별, 꽃, 무지개, 돌, 들에 마음이 빠져있음을 느끼게 됩니다. 단순한 자연으로서의 대상이 아니라 사람의 이별과 만남, 삶과 죽음의 문제에 깊숙이 개입하고 있습니다.

나는 시의 언어에 있어 높이와 넓이를 열망합니다. 어떻게 하면 시적 대상물에게 꼭 맞는 명품의 언어를 입혀줄까 고심합니다. 쉬우면서도 무게가 있어야 되고 마음을 치유하는 언어, 또한 실험의 언어 그 언어의 광맥을 찾아 근방에서 늘 서성거립니다. 그것은 내 영혼, 혹은 시혼의 성숙과 완성을 지향하며 동행해야할 과제입니다. 어쩌면 그 명제는 내가 죽는 날까지, 시를 쓰는 끝 날까지 등에 지고 가야할 숙명적인 멍에일 것입니다. 그 언어에는 보이지 않는 붉은 낙관이 찍혀 있어야 합니다. 그런 언어를 찾기 위해 마음의 눈을 밤낮으로 닦습니다. 마음의 눈이 별처럼 어둠과 시혼을 열 것을 희망합니다. 그리고 비애를 극복한 아름다운 노래를 부르겠습니다. 내 영혼이 영원에 닿는 한 방법일 것입니다. 끝으로 장시 〈탈출하는 살〉을 지면제한으로 제외시키는 섭섭함도 아울러 고백하면서 100인 시선집 기획에 참여케 해주신 ≪인간과문학≫사에 깊은 감사를 드립니다.

2013년 10월

김선영

누구네 이중섭 그림

차례

시인의 말

1부 낙관落款

2부 눌변訥辯의 눈이 내린다

3부 달을 빗는 남자

1부

낙관落款

물

그분은 살에서 구슬 몇 알 남기신 채
한 오리 연기로 산에 오르시고
풀고 가신 대님은 흘러내려
가을에 닿았다

젊던 여름의 물도
머리 허옇게 세어
조용히 생각에 잠겨 흐르노니

오랜만에 물로 돌아온 내 사랑이여
내가 너를 찾기까지 너 나를 찾아
얼마나 세상을 굽이굽이 돌았던고

이승의 네 물소리는 부풀어
내 발목을 잡고 놓지 않으나
너를 묶어둘 수 없어 또 이별하노니

잘 가거라
잘 가거라
내 생애를 짜서
내 그리움을 짜서

영혼의 기름 한 방울로
빗물되어 빗물되어
흐르는 네 가슴에
볼에, 어깨에
떨어지기까지.

달 노래

다 벗어버리고
빛만 남기리라
도망가는 네 발목에까지
금빛 눈웃음 매달아주리라

어두운 수풀
발에 채이는 돌멩이까지
잘 비추며
사랑하는 사람아
가거라

미웠던 이에게는 손을 더운 손을
이쁜 이에게는 평안을 더욱 평안을

아아 그늘에 숨어 달리는 사람아 기억하여라
네 얼굴에 비비며 비비며 닮아간 내 얼굴을
그러다 또 차오를 내 얼굴을

그리하여 네 발자국마다
볼을 비비며 비비며
늙음을 곱게 삭히리라
또 삭히리라.

백자白瓷 앞에서

빛 한 줄기가
소복素服을 하고
달에서 내려와
발을 뻗고
쉬고 있다

눈물을 다 흘리신
그분은 고요하여 맑으시어
비 개인 살 뿐

나 또한 전신全身을
불에 달화 다시 된다면
천년을 죽지 않는 여인이 되리

물이 되어 담기신 그대 만나서
꽃이 되어 담기신 그대 만나서

즈믄밤 기둘리던 인사를 하리
즈믄밤 눈부셔온 사랑을 하리

가을 노래

그대 오자 세상은
보석가게의 보석들을 쏟아놓은 듯
소양강 수문水門들을 열어놓은 듯
무럭무럭 밝은 금빛 거품을 일구고

나는 지난 여름 임자 없는 구름이
넉넉히 주고 가던 비 한 주름같이
그대 곁을 또 무심히 지나며

소나기로 나를 그대에게 놓아보낸다
아아 이 가을 갈대로 떨리며
만월로 부푸는 얼굴 하나 가지고
밤을 헤맨다 밤을 헤맨다.

5월

오늘은 사람들 목 위에 얼굴이 없다.
빛나는 금金의 원광만 두르고 있다
햇빛 아래선 빈부貧富가 없다
풍성한 빛을 마음껏 타작해 걸머진 남녀노소들
번쩍이는 금金의 청계천에서 껑충 뛰어오른 무지개
쓰레기 속에도 가득히 가꾸는 신의 황장미
광화문光化門 네거리에는 햇빛의 노다지가 길을 메운다
발에 채인다
빰에 날아와 붙는 사금砂金가루 사금가루
두 귀에 쌓이는 사금가루 사금가루…….
아 햇금으로 지은 5월의 광화문 다락.

잎사귀 소리

자작나무 숲을 베고 누운 그분은
아직도 눈을 감지 못하셨는가
나무 위를 보아라 어제까지 몸져 눕던
바람이 자리 차고 일어나
한 떼의 말을 타고 내려와
깊이 닫은 그대 귀의 문빗장을 열고
크나큰 숲 하나를 떠메고 들어가선
잎사귀 소리를 들려준다
백년 전에 신 벗어두고 가신 분들도
베고 자던 산에서 벌떡 일어나
잎사귀 소리를 들으러
머리 검은 숲을 밀고 걸어온다.

설야雪夜에

가슴 그중 고요한 땅
물소리 그친 골에 눈이여 내려라

하늘인 듯 먼 어제의 뱃길이여
뒷문에 나앉은 꿈의 빈 병瓶에
천상의 언 눈물
최종의 순수를 담그어라

가는 날에야 참말 왔던 줄 알 듯이
이 밤 가버린 사랑 앞에
죄를 앓으마

그대 의지意志의 은은히 흩어진 이슬 안에
불켜듯 불켜듯 들어가 앉아 그대 지키며
떨어진 우리들 날개의 서러운 빛깔을
한 짝씩 맞추어 밤새 깁고 앉아 있으마

그러면 눈이여
죄앎는 뜨거운 이마에
의지와 그늘 위에
억만 개의 등燈을 껐다간 켜며
앞을 가듯 우리들 길 위에
내리어라 내리어라.

어머니

산을 보고 서시면
고요한 산얼굴

구름되어 가시는
걸음걸이

엉기인 바위 틈을
빠져나온 여울같이 그분은
잔잔히 앞만 보고 가신다

한산 생모시의 하얀 적삼을
뜰에 벗어 두시면
나무그늘 지나듯
세월이 내려와
거두어 입고 가리라

남의 고향 마당에 살구나무 심는 뜻은

남의 고향 마당에
살구나무 심는다

남의 고향 마당에
살구나무 심는 뜻은
고향 그려 달군 마음
봄 심장에 박는 일
내 고향 봄 길어다가
타향 심장에
뿌리 주는 일

머언 내 고향
그리움
뿌리 캐어다가
낯선 이 마당에
현주소 주고
아예 뿌리박는 일.

회화會話

생선가게에서
고기 한 마리가
여자의 장바구니 속에
떨어져 담겨 갔다.

고기를 미행하는 바다가
여자보다 앞서서
대문을 열고 들어가
찌개냄비 속으로 뛰어내렸다.

찌개냄비에는
바다가 끓어넘치고
조금씩 바다를 맛보는
사람들의 입 속에서
말할 적마다
비늘이 번쩍이는 고기들이
파도를 튕기며
뛰어나오기 시작했다.

사가思歌

꽃 흘러 핀
가지

한 송이
……한 송이
채색彩色하시는

신神의 화필畵筆이
뚝 멎어
끝난 자리

더 하나
그려 주신
오오 그대 얼굴.

별

한 덩이 돌이 빛내며 찾아온 까닭을 아는가
어두운 창을 작은 빛으로 지키는 별의 이유
결국 돌인 줄 알고도 별을 사랑한다

계단이 없어도 오르내리는 사람들을 아는가
사공沙工과 나 새에 끼어 흔드는 남해의 물결은 흰피를 쏟고
저승에서 내다보는 결 고운 눈동자
나를 겨눠 그 눈이 흘리는 송이송이 눈물에 맞추는 나의 여린 반주

불에 구워서 나는 항아리나 되고
어두운 밤에 내리는 흰꽃의 눈물을
가슴 열어 채우고 있는 밤을

네가 한번 왔다간 자리에 피어난
한 포기 꽃에 물을 주며 지키는 밤을.

햇빛 한 오라기에서도 신神을 보는 날
그런 날에 너를 보며
차디차게 살아있다, 살아있다.

밤바람 소리는

밤바람 소리는
내 뼈로부터 우러나와서
살을 뚫고 뜨락으로 도망나간다

어두움, 흑수선들의 고갯짓
얼굴 없는 살얼음이
도사리고 있는 내 살 바깥

겨울 라일락 가지를 더듬어
무성하던 잎자리에 앉아보다가
미끄러져 미끄러져
언 땅에 정수리를 처박고
검은 피를 쏟는다

바람은 다시 층층이 담긴
허무虛無의 신발가게에서
한 켤레의 신을 신고 와

무수히 신발소리를 내며
미로를 헤매다가
다시 내 뼈 속에 들어와
잠을 청한다

쓸쓸함

풀꽃에 닿은
내 쓸쓸함까지는
그대 못 따라오네
풀꽃이 먼지 같은 꽃 하나
완성하고 있는 걸
그대는 크게 눈떠도 안 보이네
그것은 그대가 부자인 때문.

새 꽃들이 불밭처럼 켜지고
이 밝음 속에서는 더욱
모래같이 작은 꽃은 보이지 않아
그대는 눈멀어 저쪽에 서서 있고
나의 쓸쓸함이 가는 길을
나 홀로 비추며 비밀히 따르고 있을 뿐이니
아무리 먼 길도
내 쓸쓸함과 어깨를 나란히 걸어가면
저 산밑 홀로 사는

풀꽃의 쓸쓸함에 초대되리라.

그대여 바람이 불면
홀로 거기 욕망에 흔들리게
나는 풀꽃 속에 들어가 작은 향기로 흔들릴 터이니
풀꽃에 들어간 내 쓸쓸함을
그대는 결코 갖지 못하네.

산山

1

그 산에는 귀가 먼 메아리가 떼로 살았다.

그대를 찾아 차례로 보낸 내 부름은 하나도 돌아오지 않고

모두 메아리에게 시집가서 귀머거리가 되어 잘 살고 있었다.

2

그 남자의 온몸에서 쏘아오는 물소리는

허연 손을 내밀어 내 머리채를 휘어채어선

쏜살같이 물 속에 끌어들여

같이 궁구르며 자빠지며 숨가쁘게 제 집으로 흘러가고 있었다.

3

암매미

숫매미가

노래를 던져 노래를 껴안는 날

그대여 건너편 산과 섞인 채 무슨 말이 있는가
누운 채로 해가 버리는 억만년의 주름살을 바늘귀에 꿰어
분주히 제 황금이불이나 짜고 있을 뿐.

4
하늘에 장가가고 싶은 바위 하나가
산꼭대기에 바투 올라가 우러러 하늘을 본다.
번개가 눈 부릅뜨고 을러도
한 발짝도 물러서지 않고 알손을 모은 채
하늘에 얼굴을 꽂고 있었다.

5
어느 날 그대에게 시집오리라. 쪽도리 쓰고 밀랍에 눈 붙이고 두 손 두 발 곱게 모으고 그대 옆에 드러누우리라. 산山짐승과 야생화와 물을 거느린 황제의 아내가 되리라 푸른 머리칼 이마 훤한 그대 왼편에 패랭이꽃 후박꽃을 머리에 꽂고서 그대의 유순한 백성이 되리라 웃음을 곳간마

다 쌓아놓고 사는 동네에서 새로 이사오는 사람 있으면 팔끼고 나아가 나란히 허리굽혀 인사하리라 앞뒷집에 살리라.

6

그대 이름 찍힌 돌에 내 이름을 찍는다
그대 얼굴 찍힌 물에 내 얼굴을 찍는다
그대 가슴 한 근斤에서 빠지는 살소리 한데 묶어 나무에 매어 둔다
돌 한 덩이 속에서 그대를 나꿔채어 끌어낸다
안개의 흰 수염 사이 그대의 검은 수염을 끌어낸다
자작나무 등걸에서 그대의 훠청한 키를 끌어낸다 기침소리를 끌어낸다
그대 수염이 흔들리는 바람, 그대의 한 근의 가슴이 흔들리는 물 속에
내 붉은 발가락 열 개를 쫙 펴고 떨어진다.

햇빛의 비단으로

늘 닦여있는 햇빛
어디서든지 외로운 이웃들이
베틀에 앉아
맑은 비단실을 꾸러미로 짜고
몇 필이 되면
가슴속 깊이 개어 넣었다가
괴로운 밤, 어둔 방을 밝힐
그런 재물로 삼을 것이다.
그리하여
마음으로 추운 사람들을 찾아서
짜두었던 빛의 천을 한 자락씩 잘라 나눠주면
외로운 이웃들은 서로서로 마주 보며
드문드문 빛나는 별이 되리라.

슬픔을 자양으로

슬픔이 오색 영롱한 날에
풀죽은 목소리에 돌연,
생생한 푸성귀가 몇 대 너울거리고
화양리의 아침만 가지고도
오늘 몫의 생애는 빛으로 넘치어
슬픔을 덤으로 친다.

사람들아 그대들 빛나는 날에
화양리의 꽃을 전부 바쳐 축하하고자 한다.
새로 돌아온 봄도 바치고자 한다.
지금 빛나는 기쁨이 종소리 속에 끼어 종소리로 멀리멀리 퍼진다.

내 슬픔 오색 영롱한 날
그대들 기쁨을 위하여
슬픔을 자양滋養으로 쓰려고 한다.

붉은 무덤가에

붉은 무덤가에
꽃을 심고
돌아서는 시간은
노을 밭으로 가
두 팔 벌리면
노을이 되네

붉은 꽃 모닥불
심지가 되네
피 터지는 울음의
강이 되네.

저승 꽃밭 아득히
메아리로 따르네
끈이 되어 따르네.

내 님을 묻어 두고

내 님을 묻어 두고
돌아내리는 녘
꽃뿌리로 묻고
내려오는 녘

꽃들은 죽을 듯 타오르더라
산 너머 해지듯 타오르더라
이마에 피 묻히며 타오르더라

몇 걸음 가면은 저승인데
문고리 흔들며 타오르더라
저승바다처럼 타오르더라
머리칼 지지며 타오르더라.

어머니는 홀로
산에 계시고.

빈자리

네가
내 옆에 있으면
나는 네 빈자리 같다
한 아름 앉았다 간
텅 비인 바람소리의
빈자리 같다.

보이지 않는 풀꽃

더 잘디잔 하얀 꽃들이
은하수처럼 흐리게 피어 있다
바람이 분 만큼 꽃들이 흔들린다
나는 이 꽃만큼 흔들리지 않는다.

다시 꽃들은
고요 안에 들어가 고요로 선다
나는 지금 이 꽃만큼 고요하지 못하다.

풀꽃이
손 닿지 않는 거기로 흔들린다
아름다운 것들을 멀리 두고
그리워하듯이

보이는 풀꽃이
보이지 않는 풀꽃을
그리워하듯이.

석상石像 앞에서

돌로 얼굴을 새기거나 깎는 것은
얼굴을 부르는 초혼招魂의 경지와 같다
석공이 휘두르는 끌로 불러들이는
오뚝한 코
미소짓는 눈동자

헛되다고 웃지 마라
내가 가슴에 깎아 놓은 얼굴은
내 피와 뼈로 겹겹이 울을 쳤다 하여
나갈 길이 없는 것은 아니나
이 얼굴은
겹겹이 열 수 없는 공간으로
울을 친 마음속으로 아름답게
잡혀 들어온 혼인 것이다

붙잡아 오는 혼과
붙잡힌 혼이 겹쳐서

돌 속으로 들어갔다가
향기처럼 우러나온 얼굴인 것이다.

낙관落款

혜원의 풍속도나 신사임당의 풀꽃 그림에 피로 짓이긴 인주印朱 묻은 이름 하나 아직도 시들지 않은 꽃잎으로 떨어져 예술의 강물에 떠 있을 때 아, 나는 봅니다. 로댕의 청동의 손처럼 영원히 굳어서도 피 도는 손이 거기 있음을. 그 손이 찍어 누른 이름의 핏자국을…….

붉은 1회回의 시간을. 매서운 빛의 소나기를.

오 시인들이 쓴 시의 낱말 포기포기마다 찍어 놓은 보이지 않는 낙관을 보신 일이 있으신지요.

시혼의 발자국, 붉은 낙관들이 껴안은 그림자 속에 서 있고 앉아 있는 말들이 아름다워 기쁨으로 소름끼칠 때가 있습니다. 거기서는 밤새도록 중얼거리는 소리가 흘러나옵니다.

그리하여 나는 밤마다 영혼에서 채자採字한 시어詩語들이 낭자한 방에서도 홀로 낙관을 누릅니다. 한 말씀 한 말씀의 속살에 누릅니다. 누가 알아주지 않아도 누릅니다. 부끄러이 괴로이 누릅니다.

나는 또 강물에 찍힌 낙관도 본 일이 있습니다. 몇년 전 충남 부여군 저녁 백마강을 거스를 적에 낙화암 벼랑을 아직도 뛰어내리고 있는 여자들을 보았습니다. 삼천의 여자는 됨직했습니다. 그들은 노을을 마름해 옷 해입고 온몸을 던져서, 아직도 떠나지 못하고 서성이는 백마강 비단 위에 낙관을 찍고 있었습니다. 나는 치마를 벌려 세차게 내리찍는 그 하나를 받아 보았습니다.

신神의 옆얼굴

겨울에 신神은
하늘에서 아름답게 부서져
눈송이 속으로 들어가
눈송이로 흩날린다

그러니까
내가 찾는 그분은
하얗게 내린 눈밭에 누워
고요히 주무시는 것이다
나도 죽은 듯이 누우면
두 개의 겨울이리라.

여름에 신神은
소나기의 회초리로
산야山野를 때리고
가뭄의 땅에 꿇어 엎드려
허어연 법의法衣를 더럽히며 입맞추시고

때로는 비정하게 홍수로 지나가신다

가을에 신神은
귀뚜라미 심장으로 들어가
목청껏 노래하시다가
귀뚜라미 목청을 귀뚜라미
굴뚝으로 빠져나와
연기보다 가느다란
노래 한 올을 타고
노래 한 올로
숲 하나를 묶으신다.

또한 가을을 사랑하시는 신神은
신경만 살아서
살 비치는 푸른 적삼 속
하늘같이
파란 피톨로 살아서

나뭇잎 지는 소리에도
소년처럼 깜짝 놀라신다.

가을 하늘이 저렇게 푸른 날에는
판소리 가락 청청 넘기듯이
새파란 하늘
흐드러진 굽이굽이
이 땅 벌판에
강물에 바다에
진양조의 넋으로
넘기시고.

봄에 신神은
어디 계신지
산 너머서
산 너머서
가느다란 피리소리만
보내 온다.

여행

대가大家가 되어 고개 숙인 벼
겸손히 허리를 구부리고 들여다보아야
그의 얼굴을 볼 수 있다
돌팔매처럼 떨어져 가는 참새 한 마리
그것에 맞는 것은 아무도 없다.
시간과 나란히 기차는 달리고
그리운 것들은 먼 들판
가물거리는 산그림자만큼 두어야 한다
저속이여
이름 모르는 먼 들녘
산에 살아 처사處士가 되어라
난해한 시詩여,
가을 하늘은 넓어서
아아 거기엔 산이 없어
흘러가면 만날 것이다
거기에는 거기에는 국경이 없어
신분증 없어도 만날 것이다

자동차 없이 가도 만날 것이다
맨발 깨끗이 닦아 신고 가면
파아란 공기에 발자국 찍으며
릴케와 윤동주, 이웃집에 살지
지구는 누렇게 익어가고
그때 기차를 내리지.

담쟁이덩굴

네가 올라갈 때
나는 내려간다

한 발자국씩 전진하는 북소리에
나는 가파른 사다리를 내려간다

올라간다는 것은
내려간다는 것이다

아니 내려간다는 것이
끊임없이 올라간다는 것이다

그러기에 죽음까지도
죽음의 밑바닥에서 올라가며
올라가며 다시
부활한다는 것이다.

라일락의 말

내가 말을 두렵게 여기는 것처럼
라일락은 보라빛 몇마디를 황홀하게 완성하고 침묵해버렸습니다.
쓸쓸한 꽃나무 맞은 편에
나는 짝이 되어 주었습니다.
내가 그 꽃나무의 떨어진 꽃송이만큼의 부피가 되어서
나무 곁에 앉아 있을 때
라일락의 말이 나의 안에 전해왔습니다.
〈슬프더라도 말을 내지 않음은
가슴에 꽃이 있기 때문입니다.〉
떨어진 꽃들까지 가슴에 모였으므로.

나목 앞에서

그를 보면
우리 살은 부질없는 것이다
두 팔을 편안히 벋고 누운
하늘 뒤의 나무를 보아라

결코 뼈를 추려
캐어 내오지 아니함은

그의 등뒤에
어머니
봄이

나란히 나란히
뼈다귀로 누워서
이지러질 듯
숨쉬기 때문.

누구네 이중섭 그림

이중섭을 노래하던 사람들은 잠이 들고
그림들만 깨어 살그머니 벽에서 걸어나와서
사뿐사뿐 물감의 바다를 건너
몇십년 전의 아름다운 이중섭의 미소를 타고서 진짜 소, 진짜 바다, 진짜 아이들과 진짜 진짜 천도화나무도 소리없이 기어가서
달밤에 달밤에
천도화와 소와 달과 까마귀 까마귀를 데리고 놀다가
다시 아름다운 연기가 된 이중섭의 미소를 타고 돌아와 벽에 걸린다
이중섭, 중섭, 중섭을 노래하던 사람들은 잠이 들고 풍금소리 때문, 잠이 들고
바닷물의 철썩소리에
그림 속의 바다만 깜짝 놀라 그림을 전부 열고 뛰어나와 철썩거리고
이통에 바닷속 어린 아이들은 깜짝 놀란 꽃게에게 힘있게 물려 비명을 지른다 빙글빙글.
담배 문 이중섭은 어디 있을까

2부

눌변訥辯의 눈이 내린다

어머니

하나 하나 짚어가는
별 사이로
문득 어머니 만납니다

별에서 별을 건너
내게로 오십니다
어머니는 별들의 마을에 사십니다

그러나 진실로 어머니는
반짝이지 않는 것에 더 있습니다
반짝이지 않는 것에 더 삽니다

내가 깜깜한 어둠에 걸려 넘어졌을 때
그 곳에서 더 잘 보이시니까요

그리움의 식물성

지워도
지워도
생기는 초승달같이

반달에서 더 자란
만월같이

만월로 둥실
걸린
얼굴같이

사람들은 그리움 공간을
가슴에 걸어 두지요

사랑은
잊으려 하여도
드러나고 자라나는

무서운

식물성이 있어요

그래서 오늘 밤 만월이에요.

단풍

설악은 지금
다비茶毘로 불 붙는다

나도 숲에서
영혼을 다비 한다

몸은 죽지 않고
영혼만 죽어서

영혼만 불에 달여
빨간 혼 불어 넣고
완전하게
핀 붉은 단풍.

시인

1 백지白紙

숲의 하얀 새들이
일제히 비상한다
하얀 새떼들은 백지白紙이어서
새하얀 백지들이
나의 영혼 위에 날아와
가벼이 앉는다.

나는 오늘
너의 순결한 육체 위에
무엇을 쓸까.

2 작파斫破하다

꽃나무가 한 겨우내, 핏속에 모은 꽃들을
어느 봄날 문득 낙화로서, 작파斫破하듯이.
꽃이 진다.
밤새워 이룬 나의 시도

낙화처럼 미련 없이 작파하였다.

도공陶工이 한 개의 완벽미를 택하여
수없이 완성을 던져, 파괴하듯이.

나는 나의 말, 나의 시들을 부수며
말들이 죽으면서 내는 희미한 울음을 들었다.

오늘 저녁, 눈이 내리고 있다.
하늘의 누군가가 작파하고 있다.
최고의 아름다움을 위하여 헛된 완성을 부수고 있나보다.
하늘 극치의, 아름다움의 파편들은
이렇게 순결하고 부드러운 것인가

오늘 저녁 하염없이 아름다운 음절들이
허공에 날리고 있다.
내가 버린 말들은 어디 가서

남 몰래 흩날리고 있는가
녹아서 녹아서 어느 강물에
쓸쓸히 스며들고 있는가

3 낙관落款

아름다운 그림, 창조 밑둥엔 작자의 붉은 낙관이 찍힌다. 화가들의 사인이나 인주의 낙관은 영혼의 피를 걸러낸 것들이다.

시인들의 시, 한 편 한 편이나 한 행, 한 음절 속에도 보이지 않게 찍힌 무수한 낙관이 있다. 쩟쩟하고 짱짱하게 붉은 혼이 살아있다.

한번의, 낙관을 바로 찍기 위하여 자기 자신을 예술의 제단에 올려놓고 스스로 제사를 지내는 사람들이다. 낙관 하나를 영원히 살게 하기 위하여 인생을 제단 위에 놓고 불을

붙여서 갠지스 강가의 재 한 줌처럼 일찍 타버렸다.

하나의 붉은 낙관으로 남고 싶다.

인생의 순결한 여백에 붉은 혼을 남기고 싶다.

시혼詩魂의 꼭대기에 아슬히 올라 저 붉디붉은 노을을 온몸에 묻힌 후 몸을 던져 찍은 낙관 말이다.

봄은 내 희망을 도화지 삼아

지난 겨울, 시작할 때 알았었지요
겨울 올 땐 봄도 이미
시작이라는 것을

밤새워 당신에게 쓰는
행간行間 사이로
스며드는 연두빛, 짐작했지요

당신의 얼굴은 모르지만
보이지 않는 곳에서
내 희망을 도화지로 삼아
연두빛 그리는
사람이지요

하늘 바탕에
금金의 문자 몇 마디
꽃나무가지에 걸어주는 사람

얼음 밑 남몰래 흐르는 따스한 눈물처럼
기다릴 때 오실 줄 아는 사람

봄같은 당신을 사랑합니다
당신같은 봄을 사랑합니다.

가슴에서 나간 물 한자락

처음 순결한 편지
처음 순결한 서약으로
첫눈 내리는 날

허공으로 이어진 아득한 들판으로
눈을 맞으며 걸어가서
가느다란 물 한자락 발견했지요

나의 가슴 기슭에서
얼음을 뚫고 내려온
가느다란 물 한자락
오랜만에 거기서나 만났지요

건널 수 없는 허공으로
이어진
달뿌리처럼
노래하며 흐르는

물 한자락
거기서나 반가이
만나 보았지요

별의 어둠이 되고 싶다

우리는 모두
어둠이 되어 별을 품어 주거나
별이 되어 별안으로
파고 들어간다

오늘 나는
아름다운 어둠이 되고 싶다
별의 어둠이 되고 싶다
겨자씨 같은 별을 검은 가슴으로 안아서
새싹 티어주고 싶다
흔드는 바람 막아서서
별의 따뜻한 이불 되어주고 싶다

소외의 자리에서
외로이 등대 지키는 그대
그대 등 뒤에서 그대 빛, 선명하게 밝혀주는
별의 어둠이 되고 싶다
보이지 않는, 별의 후광이 되고 싶다

작은 발견

추운 잔등으로
눈이 내린다

마음속 외등을 켠다
설핏한 불빛
불빛에 물러서는 기억

눈이 내리면
기억의 주소처럼
보이지 않는 먼 곳에서
보이지 않는 모습으로
걸어오는 것들이 있다

흰 눈을 맞으며
나에게로
나에게로
별빛 같은 옷을 입고
돌아오는 것들이 있다

숲 2

숲마다
신神이 꽂으신
지팡이마다
잎 돋아나는 날

신을 진실로
아버지
아버지 부르고 싶은 날

바람이 불지 않아도
그 소리가
소리를 불러
잎의 연두빛 들이
연두빛을 불러
겹메아리 치는 날.

산은 새를 조롱鳥籠에 가두지 않네

산은
날으는 새를
조롱에 가두질 않네

새들은
마을에 내려왔다 산으로
올라가네

나도 앞으론
산으로 갈 일밖에
남지 않았네

산에서
잠시 날아온
산새이니.

명석한 돌이

명석한 돌이
안으로 안으로 빛을 품어서
별이 된다

백 번, 천 번 인내해
빛을 꿈꾸면
드디어 누구나 별이 되리라

그분이 보내시는 빛을
되받아 쏘는 별이나 달같은 우리들
어둠 속에서 허둥거리는 바람을 자리에 앉히고
제대로 빛을 쏜다
어둠에서 두 손으로 더듬어 찾은 빛을 쏜다

명석한 돌이
아름다운 빛을
품어서 품어서

날개를 달아주고
희망을 달아준 뒤
지상에서 기다리는 사람들 가슴으로
날아가게 한다

호명

달 활짝 핀 밤이다
홀로 깨어있다
글씨가 안된다
하늘 중심에서
달에게 빚을 지고 있다
달 옆 다소곳 한점꽃에도
빚을 지고 있다

노오트의 행간에서 초조히 서성이는
그림자를, 글씨를
문득 부는 바람이 몰아간다

지상에서 보이지 않는 것들을
쓸쓸히 초대하여
마음의 목청 높여 부를 때
행간을 울리며 메아리가 되돌아 올 때

메아리를 밀며 일렬로 들어서는 것들이 있다

보이지 않는 것이 나를 보고 있다
내 얼굴을 알아보고 있다
현실에 나타나기를 거부하는 아름다운 존재들이
나를 멀리서 바라보고 있다
내가 불러서 그들이 오고
그들이 내 존재를 호명하고 있다

달의 아이는 굴렁쇠 가지고 노네

하늘에 사는
착한 아이는
금으로 구운
굴렁쇠
굴려 굴려
세계 끝으로 가네

끝으로 갔다가
생각난 듯
어김없이 다시
돌아오네
하늘은
온통
황금의
굴렁쇠
구르는 소리.

달의 아이들

달에서 잠자리 같이 비치는
날개 단 아이들이
쉴 새 없이 웃으며 뛰어 내린다
웃음소리가 투명하게
지구를 울린다

내가 토해낸 레몬의 웃음마저
그 웃음소리에 토를 달고 있다

웃음의 이유도 모르면서
아이들은
여기 저기 나뭇가지에
빈 벽에
영롱하고 투명하게 지줄대는 소리를
투망으로 짜 걸쳐 놓았다

시인의 마술 지팡이

하늘이 마술지팡이로 건듯 때려서 겨울 무너지고
죽은 땅, 죽은 나무 살리고
하늘을 건듯 때려서
시인에겐 눈송이 쏟아지듯 꿈이 내린다

시인이 마술지팡이로 별을 때린다
강을 때리고 벌판을 때린다
사물과 존재가 천지개벽한다

시인의 시가 마술지팡이 되어
영혼의 답답한 벽을 칠 때
히말라야와 생빅토아르 어깨를 칠 때
아득히 잠겨진 땅, 얼어버린 말의 빙벽을 칠 때
모든 의문의 강은 열리리라

드디어 지팡이를 지상에 꽂을 때
지팡이에 싹이 나서
세상의 숲들이 봄을 불러오리라

기다림

그대 오지 않고
달이 오네

그대 오지 않고
달이 가네

그대 오지 않고
달이 지네

지구 하나가
아득한 절벽 아래로
열매처럼
툭
떨어지네

꽃의 웃음

봄아, 내 꿈은
꽃밭과 같아서
봄나라에서 온 엽서들 같이
분홍나비, 호랑나비 붐빈다

팔랑이는 희망으로 날아와
그리움에 접고 앉는다

죽어 있던 심장
마른 나뭇가지에
꽃이, 꽃이 살아나온다

나는, 나비 오는 방향으로
몸을 튼다
만발하는 입술이다.

봄

내가 가장 남루한 모습일 때
너는 온다
화사한 색채의 물감으로 몰려와
나의 어두운 구석구석을 채색한다

부드러운 바람을
투명한 포장지에 싸서
자꾸자꾸 누가 보낸다
자비로운 분의 선물이다

그것들의 포장을 풀자
쏟아져 나오는 꽃, 나비, 태양, 바람…

내가 보낸
기도들이 변신하여
갑자기 행복으로 쏟아지며
내게로 되돌아 온다.

스핑크스의 새싹

상상의 사막에서는
지금 그리로 건너간 한 여자
모래와 살다가 모래가 될
한 잎의 여자가 자고 있다

모래폭풍이 자고
보라빛 바다에
물고기 같은 달이 뜨면

어디선가 .
피라미드가 살아나 움직이고
마악 사춘기가 된 스핑크스가
달을 사랑하다가

예민한 뿔에
싹이 돋을 것이다
한 잎의 연두빛 싹이

머리에
돋을 것이다

저녁노을

노을보다 무거운 것을 등에 지고
세상의 다리를 건너 갈 때
정강이에서부터 느껴지는
돌의 무게

돌을 주렁주렁 매어달은 채로
세상을 건너는 저녁 한 때
쓸쓸한 잔등을
한 겹 덮어주는 저녁노을
곱게 곱게 업고 가마

돌과 노을을 함께
등에 지고 가는 사람의
무거운 시간 한 때

돌을 진 쪽의 어깨보다
노을을 진 쪽의 어깨로

세상을 가자
세상을 보자

돌과 노을을 함께 업고 가는 길
세상이 참 가볍고 곱고
아름답구나.

말의 농토

쓰고 있는 글씨 앞으로
구리의 바람이 휘어진다
나의 문자들이 들판으로 몰려가 나부낀다

태양 안에서
쇠를 굽는 사람이
불로 끓인 문자에
날개를 입혀서
견고히 다듬고 있다

호명 하듯 불의 바람이
불꽃 속의 문자들을 일으킨다

불로 다스리는 나의 들판
나의 농토에는
태양의 금빛 머리칼을 닮은 이삭들이
비단 물결을 이루고 있다

문득 거두는 손이 있자
꿈과 빛의 자궁에서 태어나는 자식들

새떼들이 빛이 묻은
이삭을 하나씩 물고 날아와
휘어진 시간에 앉아
영혼에게 먹이고 있다

강

누가 돌을 던지면
금방 상처 입어요
칼로 그은 듯
피 흘리던 상처를
내 손으로 가만히 쓸어 주어요
스스로 깁지요
흠집 없이 깁지요
그러면 비단결 같이 아물지요

아름다운 것
추한 것들이
때때로 비춰 보지만
마음 깊숙이 들여 놓지는 않아요
더러운 것, 오물도 흘려 보내요
그러나 누군가 상류에서
흐느끼며 흐느끼며 내려오는
사람 있어요

가만히 귀 기울이다
밤새우고 말아요
기다리다 기다리다
밤새우고 말아요

눌변訥辯의 눈이 내린다

눌변처럼 눈이 내린다
눈은 내려서 한 송이씩
그리운 지점으로 가서
하얀 마침표를 찍고 앉는다

요즈음 내 인생은 잘 써지지 않는
문장 같아서
눈은 눌변처럼 이마 어깨 가슴을 지나
발등 아래, 띄엄띄엄 가서 앉는다

눌변처럼 눈이 내린다
떠듬거리며, 작별을 유예하며
아름다운 긴 인사를 연습한다

적막한 인생의 여로를 스쳐가면서
눌변으로 사랑의 인사를 나눈다

아직 쓰고 있는 문장과 같아서
삶은 계속되고 눈도 자꾸 내리는데
오늘은 나의 삶 가운데
제일 절구絕句인 눈이 내린다
아름다운 나의 인생 말미에
곧 지워질
순백의 마침표가 내린다

이삭

벼를 다 베고 난 쓸쓸한 빈자리
형체 없는 것들이
몰려 다니리

말떼를 몰아서 몰아서
시간의 말馬을 때리는
채찍 소리
늦가을 벌판을 채우리

지평선 끝 아득히
물방울같이 부서지는 음향으로
시간들은 웃으면서 발소리를 내면서
넘어서 가리

바람에도 넘어지거나 꺾이지 않는
빛살들이 강을 이루며 따라가리

대지의 이마에
단호하게 그어진 지평선 바깥으로
우리들의 목숨도 칡넝쿨처럼 얼크러져 얼크러져 따라가리

다만 내일의 종자로 아껴둔
마음 이삭 하나
'이 벌판 지키라', 놓고 가리

별

나는 바람에 색칠을 하고
가을을 맞았습니다.

밤에는 또 하늘에 까만
크레용 칠을 하고
별밭에는
띄엄띄엄 금색깔을 칠해 놓았습니다.

아마 사람들은
별을 띄엄띄엄 쳐다보겠지요

검은 암흑을 뚫고
하얀 길을 하나
내어 보았습니다.

하얗고 분홍색 칠한
나의 길.

그 옆에 풀꽃 한 송이 갸우뚱
심어놓고요

그리하면 풀꽃이 사는 나의 세계와 별이 사는 나의 세계가 하나가 되어 악수하는 소리를 듣게 됩니다.

3부

달을 빚는 남자

달이 좋아 시를 쓴다

달이 바람을 벗어난다
산이 달을 보고 물러간다
고요와 떨림이 팔을 끼고 서성인다

세상을 내려다보면
그리 넓지는 않아서
서울이나 어디에서도
앉아서 한라산을 가끔 보고
속초 물에 들어가 헤엄도 친다

삶에서 달아나는 달이
바람 따라 흘러가 나를 만나듯
삶에서 물러가는 산이 나를 만나듯
어디에서든 내 곁에 사는
달이 좋아 시를 쓴다.

그림 속 들판에 집 한 채

그림 속 그 집 사는 유년의 아이
나와서 놀자 부르면 뽀르르 나왔네
아이는 잠시 놀다가 집 안으로 다시 쏘옥 들어가 버렸네

불 켠 별들이 대신 나와서 반짝이었네
마음 깊은 골, 지하수보다 더 아래
보이지 않는 더운 샘
가느다란 물이 물벌레처럼 기어 나와
병을 가득 채울 때
가득 찬 병을 가지고
슬픈 사람 마음마다 따라 주었네
그날 이후 슬픈 사람 얼굴 씻는 데 다 써 버렸네

아직도 거기엔 들판에 집 한 채.

참매미 소리 줄 타고

참매미 울음 우는 날
눈부신 하늘 물살에
끈을 던지는 참매미 소리
장대로 건져다가
건너편 산, 나무에 묶어서
치렁치렁한 줄 타고 건너갈까 보다

발 빠르게 건너가
잠든 귀 깨워서
깊은 귀의 골목을
휘휘 돌아서 돌아서
네 귀를 데리고
나에게로 나에게로
아주 다시 돌아올까 보다

참매미 소리 줄 타고
내 세상과

네 세상
트인 길로 분주히 빠져나와
이 여름, 슬픔을 비껴서 비껴서
함께 얼싸안고 다시 나에게로 건너올까 보다.

눈

기다리고 기다리던 한 영혼이
순결한 옷을 입고
나를 찾아왔다
처음 만났으나
그의 이름을 알고 있었다

전생에 이미 얼굴을 보았으므로
세상을 끌어당기듯
품에 안았다

그는 오래 머물기를 주저하였다
만지자마자 눈물 되었다
거품이 되었다

이별을 위해 태어난 생명처럼
금방 허공으로 증발하였다

그는 만지기만 해도 사라지는
여리고 슬픈 육체를
운명처럼
신에게서 받았으므로.

매일 보아도 그리운 달아

깊은 산골 산새의 집만큼한 작은 집에
달이 닿았다
달아, 달아, 보이지 않는 사다리 타고
나비같이 내려온 달아

앞뜰 배나무 가지에 집을 짓고
배꽃 향기 품고 내다보는 달아
배꽃이 좋아
하얀 배꽃이 좋아
하얀 배꽃, 머리에 꽂은 달아

바람이 불어서 바람의 이상한
소리에 귀 기울이는 달
산새가 울면 산새들 고운 방언의
비밀을 넌지시 엿듣는 달

나는 먹을 갈 듯

말을 갈고 있다
달이 사는 배나무 한 그루 뿌리째 캐어
내 백지에 옮겨 심는다
달이 내 백지에 산다

달아
고개 갸웃 나를 내다보는 달아
불러도 불러도 지치지 않아
매일 보아도 그리운 달아.

달의 푸른 눈물

흘러내리는 달 즙을
동이로 퍼서 담고
푸고 또 퍼내도
달물 달샘이
땅속에서 솟아오릅니다

삽으로 퍼낸 구덩이마다
달의 푸른 눈물 그렁그렁 고입니다
달 아래 꽃을 뉘었습니다
눈감은 꽃을 뉘었습니다
실눈 뜬 어둠을 뉘었습니다

달이 내려와
꽃과 함께 나란히 누웠습니다
꽃잎의 잠을 따라 달이 갔습니다
구름같이 바람같이 따라갔습니다

천상과 지상을 허전하니 비워 놓은 채.

달을 그렇게 부르지 않으리

질료적 물질적 호칭으로만 부르지 않으리
지상의 수많은 눈동자들이
수만 년 쳐다보며 닦은 달
그 눈빛들을 심은 달이다

사람들의 염원이 닿아
달은 고운 영혼과 허파를 가졌다

이루 잴 수 없는 허공의 치수를
마음껏 재며 왕래하는 달은
대하의 강물을 건너는 법을 안다

돌에서 태어난 달은
꽃 같은 얼굴로
하늘의 자궁에서
다시 태어나
만월의 그물로
세상을 건져 올리고 있다.

달을 빚는 남자

백자 빚던 남자
영원으로 길 떠나서
한 백 년 후 흙으로 부서졌네

죽어서도
생전에 빚던
둥근 달을 꿈꾸고 있었네

환한 꿈 위에 풀꽃이 피고
벌레가 울고
어느 날
한 소년이 닿아 왔네

분홍 흙이 된
백자 빚던 남자의 가슴을
곱게 반죽한 뒤
달을 하나

토해 놓았네

소년은 끌리듯
귀에 대고 들었네
곱게 내쉬는 달의 숨소리를

백자 살에서
아득하게 뛰는
한 남자의
심장 뛰는 소리를.

대화

그대가 나에게
돌과 진주를 함께 대접한다
나는 오래전 길을 떠났다가 돌아온 사람같이 쓸쓸하다

그대가
진주와 돌을 함께 권한다
툭툭 끊어진 시간 한 접시도 담아서
나에게 권한다

진실로 그대가 나에게
넌지시 묻는 것은
돌인가
진주인가

그대가 그대의 진주와 돌로
나의 진주와 돌을 불러내려 한다

나는 수북이 쌓인 돌 더미 속에서
진주 하나를 찾는다
찾아든 진주 들고
닫힌 무쇠의 문을 열고 나온다

밖에는 무섭게 때리던 비가 그치고
그대에게로 벋어 가 뿌리내린 무지개
아름다운 무지개 기슭에
다칠세라
진주 하나 공들여 심어 준다.

달빛 해일

달빛이 너무 꽝꽝하여
집 무너질까 염려되네
순은의 달빛을
튼실한 세상의 어깨로 메고 가
근심 가진 사람들께 나누어 부어 주네
달빛은 순은 백 냥, 순은 천 냥이요
꽝꽝하니
집집마다 넉넉하리 그득하리

달빛 파도에 둥둥 떠서
출렁이는 집들 사이로 걸어
겨우 몸을 가누고 헤엄쳐 왔네
나의 집도 반쯤 달물에 잠겨 있었네

나는 달에 젖은 머리
물방울 털고 말리네
달의 엷은 비린내

허공에 붐비네
삶에서 떨어져 나간
무수한 슬픔과 기쁨들의
상한 비늘, 달빛이 닦고 있네

오늘밤 저 달에 오르리
저 달을 데려다가
마을 지붕 위
커다랗게 웃던
그 자리
찾아주리.

그림 속 장미

소복이 담긴 장미에 나비가 없다
평생지지 않을 장미에 나비가 없다
그림 속 장미는 어제도 오늘도 온종일
나비를 기다린다

시간은
강물같이 흐르지만
시간은
그림 속 장미에게
말을 걸지 않는다

봄, 여름, 가을, 겨울
말을 걸지 않고
지나간다

장미가 피어 있다
바람이 불어도

지지 않는 장미가
피어 있다.

잔치

내 마음의 시를
한 말쯤 퍼서
달빛에 붓는다
이랑이랑 붓는다
달밤이 출렁인다

알알이 쏟아지는 달빛과
알알이 쏟아지는
나의 시가 함께 궁굴리며
은하수 큰 강에 밀려간다

오늘 밤
한 사발
이걸 떠서
달과 시를 주신
대우주의 주인께
드리리.

산, 이웃고 물

산은 고요해 좋고
물은 산의 고요를 칭찬해 좋다

산은 물을 붙잡지 않고
그냥 보내서 좋고
물은 떠날 줄 알아서 좋다

산은 잊어버림으로써
넉넉해 좋고
물은 잊지 않고 다시 찾아와 좋다

산은 말을 절약해서 좋고
물은 천진스런 아이처럼
맑아서 좋다
말이 많아도 좋다

그러나 때때로

산은 말한다
물에게 말한다
아무도 들을 수 없도록
천지가 꺼지는 소리로 말한다

물은 묵묵히 들으며 잠시 멈추다가
그냥 지나간다.

무지개

섬광이 터지고
사람과 사람 말 사이에
무지개 섭니다

저 무지개 걸어가려는 나의 무게는 너무 무거운 걸까요
내가 아무리 무게를 줄이려 하여도 한 마리 나비처럼은
될 수 없지 않겠습니까

하지만 말 위에 그어진 무지개 위에 누군가 손짓하여 걸어가지 않을 수 없게 만든다면
오오 무슨 마술을 부려서라도 내 마음을 나비 한 장의 무게로 변신시킬 수는 있으리라

그리하여 그 무지개 위에서
내가 그리는 사람이 아니라
설혹 원수를 만난다 할지라도
외나무다리 아름다운 무지개다리 위에선

함께 부둥켜 포옹할 밖에는
달리 방법이 없으리라.

섬진강 재첩국

봄 3월 청매실 농원 언덕에 서면
매화나무에게로만
하얀 눈은 다 내렸는데
하얀 아라비안 왕궁의 천막을 치고
한 찻집 여인이 차를 권한다
섬진강 재첩회, 민둥산 도토리묵에
돌미나리, 매실무침도 권한다

매화나무에 걸린 섬진의 푸른
치마를 바라보는 마음이 황후 같다

그러나 재첩회는 사양하다
아름다운 섬진강 물살로 키운
그녀들의 육체를
감히 여기서 허물 수야 있나.

아직은 꽃아, 지지 말아라

나의 적막으로 앞산 적막 두드리니
아직은 하얀 자두꽃아
지지 말아라

마을 창들의 불이 꺼지고
하얀 자두꽃 어둠 밝힌다
하얀 향기에 눌러 쓰는 시
자두꽃아 아직은 지지 말아라

밤여울 흐르는 소리
쉬지 않고 떠나는 사람들 같구나

밤여울이 넓은 밤하늘을
파고 흘러서
은하수 쪽으로 밤구름 내려온다

나는 펜촉대로 말의 씨앗을 튼다

나는 말의 부자
금金과 은銀의
문자를
씨 뿌리고
수확한다

흰 자두꽃 하얀빛에
내가 적은 시를 읽는다
내 음성 듣고 모이는 봄의 향기
아직은 꽃아 지지 말아라.

라일락 향기, 나누고 싶구나

긴 골목을 붐비는
라일락 향기
등에 져 나른다
땅이 주는 것인가
하늘이 주는 것인가
흙 묻은 하늘도
향기로 움찔한다
라일락 향기를
골고루 나누고 싶구나

남은 사람이나
떠나간 사람이나
모든, 이름이 있는 사람들에게
따스한 햇빛까지
덤으로 얹어
나누어 주고 싶구나
허공 빈터에까지 골고루
나누어 주고 싶구나.

신라토기

신라토기 하나 집에 들이다
천 년이 내 방에 이삿짐을 풀다
나는 오늘밤
신라하고 놀았다
천 년을 놀았다
신라토기엔
무명의 신라 남자의 지문이 있다
그 남자가 진하게 누른
보이지 않는 낙관이 있다
천 살의 토기
둥근 천개의 나이테……
빙글빙글 돌아가는 소리 들린다.

달을 배웅하며

우리 집 왔다가
돌아가는 달
섭섭해 배웅하며
대문 밖에 서네
언덕에 서네

저어리 가는 달에
크게 말했네
서녘에서 올 때도
기다린다고

달이 제 마음을
달빛만큼 펴 주고 갔네.

어머니가 달을 이고

어머니가 우물에서 달을 이고 오신다
우물 속에 둥실 누운
달을 건지셨다

만월을 물동이에 이고 오신다
물동이에서
달이 출렁
어머니의 하얀 모시치마 적신다
허리에 파란 바다를 여미시었다

어머니는 일생 그러하셨듯이
풍랑과 해일을 감추시고
달빛 그렁이는
고운 바다만 두르고 오신다

고운 바다에
달을 부어 놓으신다.

아득한 분홍 노을 밭

달이 가는 쪽으로 길을 떠난 그대는
붉은 백일홍 꽃밭 같은 노을에 취해
잠시 걸음을 멈추었네

주신酒神이 붙잡는 술마을에 들러
명옥헌 백일홍 꽃빛보다 붉은술
권하는 대로 드시네

아득하게 꽃향기
번지는 마을에서
그대 흥건히 취하셨네
가는 길 멈추고
다시
집에 돌아오면 좋겠네

그러나 그대
그대로 떠나시리
달보다 그곳에 늦게 닿으리.

꽃을 벗는다

꽃들은 질 때가 되면 미련 없이 떨어진다
신에게 연장의 시간을 구걸하지 않는다
꽃같이 깨끗이, 미지의 시간을 단념할 수 있을까

연륜은 정직하고 순수하다
쓸쓸한 숲의 나무들은 한 켜씩 한 켜씩 연륜을 불빛처럼 켜 가고
사람들은 밤이나 낮이나
언제까지 일지도 모르게 그어지는
하루살이 꿈을 한 켜씩 켜고 있다

하루, 얼마나 거대한 미래인가
하루, 얼마나 꿈꾸는 소멸인가
시간은 원광처럼 그대의 등 뒤에서 빛을 발하고
나는 그곳을 지나 다른 원광의 터널을 지나
이윽고 무거운 꽃을 벗는다.

아, 오늘밤 달 찼군요

아, 오늘밤
달 찼군요

달에서
돌들을
다아 끌어 내립시다

달에서
무게를 뺍니다

무無의 본적
거기
당신만 남았군요

그대.

꽃이 길 얻다

꽃이 마침내 길 얻었다
허공을 면벽하고 향기 얻었다
천 개의 문을 열고 나와서
향기의 더듬이로 아슬한 곳 찾아간다

네가 겨냥한 곳은
하늘의 굳게 닫힌 문
그리로 마음빗장을 열어 놓았다

천의 밤을 걸어가서
바위같이 무거운 하늘을 밀었다

굳게 닫힌 하늘의 문을 열자
하얗고 붉은 꽃이 몸에서 피어 나왔다
어떤 고통이나 슬픔에도
울지 않고 지지 않는 꽃이 피었다.

• 김선영의 시세계 1

대문자의 시학

맹문재
(시인 · 안양대 교수)

1.

시인이 "말들이 죽으면서 내는 희미한 울음을"(〈시인〉) 듣는 동안 말들의 존재성은 유예된다. 시인은 죽어가면서 내는 말들의 울음에 온몸으로 귀를 기울인다. 자신이 간직해온 입장이나 기호나 습성을 거두어들이고 멀어져 가는 말들을 기꺼이 껴안는 것이다. 시인은 그 순간, 말들이 여는 우주에 몸을 담근다.

시인은 어두컴컴한 우주 속에서 조용히 숨 쉬고 있는 말들을 발견한다. 가늠할 수 없을 정도로 깊고 아득한 곳에 자리 잡고 있는 말들. 시인은 그 말들이 자신의 이념이나 잣대로써 가둘 수 없는 존재자임을 깨닫는다. 그만큼 말들은 지상에서 울음을 내던 모습과 달리 염결하고 평온하고 자유로운 것이다. 그리하여 시인은 지상에 딛고 있는 자신의 발을 떼고 그 말들에 다가갈까 생각한다. 그렇지만 자신을 와해시킬 수는 없다고, 생각을 바꾼다. 자신을 와해시키는 행동이야말로 회복되기 어려운 나락으로 떨어지는 것이라는 사실을 시인으로서 잘 알고 있기 때문이다. 그리하여 시인은 지상의 발을 떼지 않은 채 우주의 심연에 있는 말들에게 내려간다. 자신의 그림자를 지상에 단단히 비끄러매고 시인으로서의 인식력을 최대한 펼치는 것이다.

시인은 우주 속에 자리 잡은 말들이 평온하게 잠잘 수 있는 상태임을 발견한다. 그렇지만 그 모습이 죽음의 본능을 자극하는 것이 아님도 깨닫는다. 오히려 말들의 주체성이 살아나고 생명력이 성장하는 면들을 본다. 따라서 시인은 말들과 함께하는 한 자신은 결코 함몰되지 않을 것이라고 확신한다. 자신이 명랑하게 생성되고 우주의 수평선을 넘을 수도 있다고 자신한다. 시인은 서두르지 않고 자신이 발을 딛고 있는 이 세계까지 굽어본다.

> 가만히 물속에 들어가
> 기도하듯 앉아 있는 돌이 있다
> 흐르는 물과 인연 놓치고
> 떠나는 물 바라만 보다가

엎드려 우는 돌이 있다
통곡하는 돌이 있다
늙어 등 굽은 막돌도 있다
어떤 돌은 누워서 별만 쳐다보고
어떤 돌은 누워서 달을 안고 산다
또 어떤 돌은 움푹 패인 가슴에
산철쭉 한 그루 안고 있다

어떤 돌은 움직인다
밤에도 눈뜨고 움직인다
결박한 끈을 풀며 새처럼 날아가는 꿈꾼다

그러나 한 지점, 천년이고 만년이고
깊이 뿌리박은 돌도 있다
뿌리를 뽑으려 해도 말뚝을 박고
고향과 본적을 그 자리에
깊이 묻어둔 돌이 있다

—〈돌〉 전문

시인이 바라보는 "돌"은 결코 정지된 실체가 아니다. 고정된 의미나 이미지도 아니다. 무관심하거나 예외적이거나 소외된 존재자도 아니다. 작업 수단이나 실험 재료나 자료의 목록으로 국한되지도 않는다. 시인은 그 돌을 살아 움직이는 존재자로 인식하고 있다. 익명적이거나 주체성 없이 빌붙어 있는 존재자가 아니라 우주의 얼굴을 하고 있음을 발견한 것이다. 그리하여 시인은 돌의 얼굴을 대문자로 새긴다.

돌은 숨 쉬고 있다. 뿐만 아니라 "기도하듯 앉아 있"기도 하고 "움직"이기도 한다. 밤낮을 가리지 않고 날씨에 구애받지 않고 위치에 흔들리지 않으면서 숨 쉬고 있는 것이다. 돌은 흐르는 물과의 인연을 놓친 뒤 "떠나는 물 바라만 보다가/엎드려" 울기도 하고 "늙어 등 굽은" 쓸쓸한 모습을 보이기도 한다. 자신과 인연이 된 얼굴들을 소중히 품기도 하고 앞날에 대한 전망을 펼치기도 한다. "별만 쳐다"보기도 하고 "달을 안고" 살아가기도 한다. "산철쭉 한 그루 안고" 있기도 하고 새를 품고 있기도 하다. "깊이 뿌리 박"기도 하고 "새처럼 날아가는 꿈"을 꾸기도 한다. 자신의 고향이며 본적이며 주소를 깊이 "묻어"두기도 한다.

시인은 우주적 존재인 돌과 함께하기 위해 자신의 시간이며 인연이며 산물들을 다가가 얹는다. 음악을 켜기도 하고 "모음과 자음의 짝을 맞춰 부딪"(〈보이지 않는 것의 축제-시를 위하여〉)치기도 한다. 이삭을 물어다가 돌의 "영혼에게 먹이"(〈말의 농토〉)기도 하고 "마술 지팡이로 별을 때"(〈시인의 마술 지팡이〉)리기도 한다. 시간이며 인연이며 산물들을 싹 틔우고 꽃 피우고 바람을 불러들여 휴식을 취하고 거두어들이기도 한다. 돌의 지향을 용인하고 돌의 기다림을 이해하고 돌의 선택을 응원하고 돌의 인상을 즐거워한다. 돌의 기도를 위해 손을 모으고 슬픔을 나누고 결박된 끈을 풀어준다. 시인은 자신의 결핍을 돌에게 펼쳐 보이기도 한다.

시인은 계속해서 자신을 바라보는 돌의 숨소리를 듣는다. 돌의 숨소리는 우주적 존재답게 조용하면서도 빨아들이듯 엄청나다. 시인은 그 소리를 온몸으로 귀 기울여 듣는다. 그리고 돌의 숨쉬기를 따른다. 명백하게 보인다고 여겼던 길을 내려놓고, 날카롭게 드러냈던 차이를 풀어버리고, 들썩했던 오만을 가라앉히고 함께 호흡하는 것이다. 결국 시인은 명석한 돌이 되는 것이다.

2.

명석한 돌이
안으로 안으로 빛을 품어서
별이 된다

백 번, 천 번 인내해
빛을 꿈꾸면
드디어 누구나 별이 되리라

그 분이 보내시는 빛을
되받아 쏘는 별이나 달 같은 우리들

어둠 속에서 허둥거리는 바람을 자리에 앉히고
제대로 빛을 쏜다
어둠에서 두 손으로 더듬어 찾은 빛을 쏜다

명석한 돌이
아름다운 빛을
품어서 품어서
날개를 달아주고
희망을 달아준 뒤
지상에서 기다리는 사람들 가슴으로
날아가게 한다

—〈명석한 돌이〉 전문

"명석한 돌"은 광고 전단지처럼 시장에서 휘날리는 것이 아니라 "안으로 안으로 빛을 품"는다. 피 흘리는 상처들을 "가만히 쓸어 주"(〈강〉)고, 어둠을 "검은 가슴으로 안아서/ 새싹 틔워주"는 손길을 뻗는다. "발등에 꽃이 필 때까지" (〈별〉) 걷고, 희망의 "메아리를 밀며 일렬로 들어"(〈호명〉) 선다. 명석한 돌은 우주의 숨소리를 들으며 "별"과 동화되기 위해 자신의 얼굴을 기꺼이 밝힌다.

얼굴을 밝히는 일은 한순간에 이루어지는 것이 아니다. 우연으로도 요행으로도 감언으로도 이루어지지 않는다. 깊은 사색과 오랜 시간과 두터운 신뢰가 바탕이 되어야 한다. “백 번, 천 번 인내해”야 되고, “누구나 별이 되리라”고 자신을 믿어야 된다. 결국 “빛을 꿈꾸”는 자신을 대문자로 새겨야 되는 것이다. 자신을 대문자로 새기는 일은 우주의 중심에 자기가 존재한다는 자기애를 발휘하는 것이다. 아울러 자신의 중심에 우주가 존재한다는 대상애를 지향하는 것이다. 자신의 몸에 우주의 정신이 들어 있고 자신의 정신에 우주의 몸이 들어 있다고 인식하는 것이기도 하다. 그 결과 명석한 돌은 별이 되어 “어둠 속에서 허둥거리는 바람을 자리에 앉히고/제대로 빛을” 비춘다. 어둠 속에서 더듬어 찾은 빛으로 우주를 밝히는 것이다.

명석한 돌은 별의 “아름다운 빛을” 기꺼이 품고, 그 온기를 우주로 넓히고, “지상”에 닿는다. 이 세계를 변화시키는 힘으로 바람을 흔들고 꽃을 피우고 표식을 지우고 그리고 “지상에서 기다리는 사람들 가슴”을 성숙시킨다. “품어서 품어서/날개를 달아주고/희망을 달아”주는 것이다.

명석한 돌은 곧 시인의 자화상이다. 시인은 빛을 내는 별이 되고자, 명석한 돌과 동행한다. 지상에 거주하는 사람들이 우주로부터 고립되어서는 안 된다는 절실한 마음을 가지고 별빛과 달빛을 껴안듯이 포옹하는 것이다. 그 구체적인 대상이 어머니이다.

3.

하나 하나 짚어가는
별 사이로
문득 어머니 만납니다

별에서 별을 건너
내게로 오십니다
어머니는 별들의 마을에 사십니다

그러나 진실로 어머니는
반짝이지 않는 것에 더 있습니다
반짝이지 않는 것에 더 삽니다

내가 깜깜한 어둠에 걸려 넘어졌을 때
그곳에서 더 잘 보이시니까요

—〈어머니〉 전문

시인은 우주의 "별 사이"에서 "어머니"와 조우한다. "별에서 별을 건너/내게로 오"시는 어머니. 망각의 강에서조차 잊어버리지 않으리라고 다짐하고 있었는데, 마침내 "별들의 마을에 사"는 당신을 발견한 것이다.

그렇지만 별이 빛나는 곳에만 있지 않듯이 어머니는 "반짝이지 않는 것에 더 있"다. 별이 어두운 곳에서 제 몸을 밝히듯 어머니 또한 당신의 몸을 낮은 곳으로 향하고 있다.

"내가 깜깜한 어둠에 걸려 넘어졌을 때/그곳에서 더 잘 보이시"기 위해 어머니는 어두운 우주의 한 귀퉁이를 지키고 있는 것이다. 그것이 어머니의 사랑이다. 우주가 내는 별빛이다. 우주적인 차원으로 승화된 대문자의 이름이다.

시인은 어머니의 사랑을 품기 위해 시를 쓴다. 나뭇가지마다 앉아 "어머니의 젖망울을/물고 있"(〈어머니의 계절〉)는 예쁜 꽃들과 같은 얼굴로 쓴다. 밤에도 안 주무시고 빛나는 눈으로 "지켜보는 선한 눈동자"(〈그분〉)를 떠올리며 쓴다. 당신 자식의 뿌리가 든든하게 자라나기를 기도하는 음성을 들으며 쓴다. 시인은 어머니의 이름을 대문자로 새기고 있는 것이다.

어머니를 품는 시인의 시선에는 어둠이나 좌절이나 부정이 없다. 배척이나 무시나 왜곡이나 편견이나 폄하도 없다. 시인은 긍정과 포용과 희망과 사랑으로써 어머니를 받아들인다. 별빛을 맞는다. 몸과 마음을 구름처럼 풀고 거두어들인다. 어머니를 끌어안는 것은 증명이나 보증의 차원을 넘어선다. 우주적 인식을 확장하고 심화시키고 나아가 자신을 변화시키는 것이다.

4.

아무나 우주의 강물에 몸을 담글 수 있는 것이 아니다. 그것은 "세계의 모든 존재는 대문자로 씌어진 말을 받을 만한

자격이 있"[1]음을 인식하고 행동하는 사람만이 할 수 있는 일이다. 인간의 몸을 뜯어먹는 좀비(zombie)들이 넘쳐나는 이 자본주의 시장을 누비는 자들은 자격이 없다. 좀비들을 만들어내고 좀비들을 키우고 좀비들을 수단으로 사용하고 좀비들을 사고파는 자들은 할 수 없는 것이다. 그들은 우주에 몸을 담그는 시인의 행동을 퇴행이라고 야유하고 평가하고 비난한다. 그렇지만 우주의 별빛을 품은 어머니를 망각하고 있는 그들이야말로 타락하고 무서운 속물들이다.

우주의 몸을 무시할 때 인간은 몰락할 수밖에 없다. 우주의 정신을 폄하할 때 인간은 살육의 본능으로 말미암아 파멸할 수밖에 없다. 시인은 우주의 정신과 몸을 돌과 별과 어머니 등을 통해 발견하고 있다. 우주의 존재자들은 순결하고 선명하고 따스하고 아름답고 명석하고 진실하다. 슬퍼하고 외로워하고 헐벗고 상처입고 흠집 있고 무서워한다. 거칠고 눈을 부릅뜨고 난삽하고 파동치고 투박하다. 시인은 그들을 품기 위해 다가간다. 겸손하면서도 부단하게 또 자신의 운명으로 여기고 향한다. 시인은 그들을 어설프게 품어서는 안 된다고 생각하고 자신의 이름처럼 부른다. 대문자로 새기는 것이다. (제9시집 ≪작파하다≫ 작품해설)

---

1) Gaston Bachelard, 김현 역, ≪몽상의 시학≫, 홍성사, 1978, 223쪽

• 김선영의 시세계 2

또다시 떠오르는 달과 순식간에 지는 꽃 사이에서

이승하
(시인 · 중앙대 교수)

동서고금을 망라해 달과 꽃보다 더 자주, 더 많이 노래된 시적 대상은 없었을 것이다. 달은 제주도 무속신화 중 〈천지왕 본풀이〉에서부터 나타난다. 해도 달도 둘씩 있어서 재앙이 왔는데 천지왕의 큰아들 대별왕이 천 근의 활과 천 근의 살을 준비하여 해와 달을 한 개씩 쏘아 떨어뜨려 재앙을 물리쳤다는 옛이야기가 재미있다. 그 뒤로 ≪삼국유사≫의 연오랑과 세오녀 설화, 광덕과 염장의 설화, 신라 향가 중 〈원왕생가〉와 〈찬기파랑가〉, 백제가요 중 〈정읍사〉, 조선조 초기의 악장 〈월인천강지곡〉…… 그리고 수많은 시조에서도 달은 시인들의 시적대상이 되었다. 달은 음陰의 대표적 상징물로서 해와 대척적인 의미에서 대지, 어둠, 정적, 여성 등의 의미를 지닌 것으로 받아들여졌다. 우리 조상은 정월대보름에 볏짚이나 솔가지로 달집을 짓고 그것을 태우며 한 해의 행운을 빌었다. 대보름이나 한가위에 원을 그리며 추는 '달의 춤'이 강강술래다. 계수나무 아래 토끼가 방아를 찧는 그림인 〈토구도〉나 궁궐의 옥좌 뒤에 있는 그림 〈오봉일월도〉, 〈일월곤륜도〉에는 달이 떠 있다. 달은 화옹의 〈월매도〉, 김두량의 〈월하정인〉 등의 화폭에도 두둥실 떠 있다.

김선영 시인은 올해로 등단 50주년이 된다. 시선집을 제외하고 이번에 내는 시집이 열 번째 시집이니 의미가 더욱 크다고 할 것이다. 그런데 대부분의 시가 달과 꽃과 돌이 아니면 물과 산, 별, 바람 같은 자연 대상물을 소재로 한 것이다. 시집의 제일 앞머리에 놓인 시부터 보자.

우리 집 왔다가
돌아가는 달
섭섭해 배웅하며
대문 밖에 서네
언덕에 서네

저어리 가는 달에
크게 말했네

서녘에서 올 때도
기다린다고

달이 제 마음을
달빛만큼 퍼 주고 갔네.

—〈달을 배웅하며〉 전문

시인에게 있어 달은 터놓고 대화할 수 있는 벗이기도 하고 언제까지나 함께하는 생의 동반자이기도 하다. 교감의 대상이면서 내 감정이입의 대상이기도 하다. 한용운에게 '님'이 있었듯이 김선영 시인에게는 '달'이 있었다. 시인은 자신이 그리워하는 대상을 '달'로 설정하여 노래한다.

아, 오늘밤
달 찼군요

달에서
돌들을
다아 끌어 내립시다

달에서
무게를 뺍니다

무無의 본적

거기
당신만 남았군요

그대.

―〈아, 오늘밤 달 찼군요〉 전문

제1연을 보면 달이 대보름의 만월임을 알 수 있다. 그런데 이 달을 지구에서 84만 3,400킬로미터 떨어져 있는 그 달로 보기 어렵다. 달에서 돌들을 다 끌어내리고 무게를 빼니까 "무의 본적", 거기에 당신만 남는다고 한다. 달은 내 감정의 표상이기도 하고 내 감정의 대상이기도 하다. "우물 속에 둥실 누운/달을 건지셔"서 "만월을 물동이에 이고 오신"(〈어머니가 달을 이고〉) 어머니를 생각하면 달은 곧 어머니였다. 달을 보며 시인은 돌아가신 어머니를 생각했던 것이니, 달이 이처럼 시에 많이 등장한 이유를 알 것도 같다. 이번에는 달을 두고 의인화를 시도한 시를 보자.

삽으로 퍼낸 구덩이마다
달의 푸른 눈물 그렁그렁 고입니다
달 아래 꽃을 뉘었습니다
눈감은 꽃을 뉘었습니다
실눈 뜬 어둠을 뉘었습니다

달이 내려와
꽃과 함께 나란히 누웠습니다
꽃잎의 잠을 따라 달이 갔습니다
구름같이 바람같이 따라갔습니다

—〈달의 푸른 눈물〉 부분

이 시에서 달은 천상의 이미지, 즉 영원과 무한과 구원의 이미지를 보여 준다. 천상의 달이 지상의 모든 슬픔과 아픔의 현장을 내려다보고 있다. 꽃잎도 구름도 바람도 인간처럼 유한하지만 달은 이 유한한 것들의 생성과 사라짐을 지켜보는 거룩한 존재다. 그 달이 지상의 온갖 비극을 보고는 밤하늘을 밝히며 푸른 눈물을 흘린다. 이제 달빛을 묘사한 시를 보자.

달빛이 너무 꽝꽝하여
집 무너질까 염려되네
순은의 달빛을
튼실한 세상의 어깨로 메고 가
근심 가진 사람들께 나누어 부어 주네
달빛은 순은 백 냥, 순은 천 냥이요
꽝꽝하니
집집마다 넉넉하리 그득하리

—〈달빛 해일〉 부분

달은 어느새 내 마음속에서 엄청나게 커지고 무진장 밝아져서 '달빛 해일'을 일으키고 있다. 달빛은 대개 은은하다, 희부옇다, 어슴푸레하다, 요요하다, 교교하다 등으로 표기되어 왔다. 그런데 시인은 달빛이 너무 쾅쾅하여 집이 무너질지 걱정된다고 한다. 순은의 달빛이 그대로 순은 백 냥이 되고 천 냥이 된다. 달빛은 제2연에 가서 '달빛 파도'가 된다. 집도 절반쯤 '달물'에 잠긴다. 저 달까지 올라가 달을 데려다가 마을 지붕 위에 그대로 두면 달빛은 마침내 해일을 일으킨다. 기존의 달빛 묘사와 달리 시인은 달빛이 대낮의 햇빛 이상으로 환하다고 표현하였다. 아닌게 아니라 만월이 뜨면 우리는 밤길도 두려움 없이 걸어갈 수 있다. 중국 당나라 때의 시인 이백에게는 달이 전 생애의 작품을 관통하는 중심 이미지였던 것처럼 김선영 시인에게서도 중심 이미지의 역할을 한다. '달'이라는 하나의 시어가 거의 절반의 시에 나오니, 김 시인을 이제 달의 시인이라고 불러야겠다.

나는 먹을 갈듯
말을 갈고 있다
달이 사는 배나무 한 그루 뿌리째 캐어
내 백지에 옮겨 심는다
달이 내 백지에 산다

—〈매일 보아도 그리운 달아〉 부분

돌에서 태어난 달은
꽃 같은 얼굴로
하늘의 자궁에서
다시 태어나
만월의 그물로
세상을 건져 올리고 있다

—〈달을 그렇게 부르지 않으리〉 부분

앞의 시를 보면 달은 시인이 시를 쓸 수 있도록 하는 등잔불의 역할을 하고 있음을 알 수 있다. 시인은 달을 보며, 달로 말미암아, 달에 의해, 달과 함께 살아가며 시를 쓰고 있다. 시인은 달을 "질료적 물질적 호칭으로만 부르지 않"겠다고 한다. 즉 달은 천체의 일부이지만 돌과 바위와 모래로 된 지구 위성으로서의 의미만 지니고 있는 것이 아니라고 말하고 있다. 시인은 달을 "만월의 그물로/세상을 건져 올리고 있"는 신과 같은 존재로 인식하고 있기도 하다. 그리하여 마침내 "달 안에서 달빛 향기를 입고 춤을", "황홀한 달 안에서의 춤"(〈달 안에서 춤을 춘다〉)을 춘다. 달은 멀리에 있지 않고 내 곁에 있고 내 마음속에 있다. 시를 쓰는 이유도 달이 좋아서다.

삶에서 달아나는 달이
바람 따라 흘러가 나를 만나듯

삶에서 물러가는 산이 나를 만나듯
어디에서든 내 곁에 사는
달이 좋아 시를 쓴다

—〈달이 좋아 시를 쓴다〉 부분

김선영 시인에게 있어 달이 이렇게 중심 이미지 역할을 하게 된 연유가 밝혀져 있는 부분이다. 우리네 일상적 삶이란 시간의 제약을 받아 일회적이고 유한하다. 그러나 달은 언제나 그 모습 그대로(물론 매일 모습이 달라지기는 하지만) 하늘에 떠 우리를 내려다보고 있는 성스러운 존재다. 영원을 꿈꾸는 시인이라면 마음의 표상이 필요한 법인데 시인은 달을 그것으로 삼았다. 기독교인이 성호를 긋고 나서 기도를 하듯 이 시인은 밤하늘의 달을 바라보고는 펜을 들곤 했던 것이다.

인류가 멸할지라도 달은 또다시 떠오를 것이다. 인류의 출현 훨씬 전부터 달이 밤을 밝혔던 것처럼, 하지만 화무십일홍花無十日紅이라고, 꽃은 10일 이상 피어 있는 것이 없다. 영원을 상징하는 것이 달인 반면, 순간을 상징하는 것이 꽃이다. 인간은 달과 꽃 사이에서 몇 십 년(사람마다 수명이 다르지만) 살다가, 앓다가, 죽는다.

꽃들은 질 때가 되면 미련 없이 떨어진다

신에게 연장의 시간을 구걸하지 않는다
꽃같이 깨끗이, 미지의 시간을 단념할 수 있을까
—〈꽃을 벗는다〉 부분

꽃은 우리 인간처럼 오래 살려고 발버둥치지 않는다. 죽을 때가 되면 금방, 깨끗이 죽는다. 시인에게 있어 하루 24시간이란 "거대한 미래"이기도 하고 "꿈꾸는 소멸"이기도 하다. 하루살이에게만 하루가 긴 것이 아니다. 우리한테도 내일 하루는 거대한 미래인데, 하루를 살면 하루만치 죽는다. 이윽고 때가 되면 우리는 "무거운 꽃을 벗는다". 기막힌 일은 한순간에 지는 꽃이 영원히 하늘을 지킬 것 같은 달을 밀고 간다는 것이다. "시간은/강물같이 흐르지만/시간은/그림 속 장미에게/말을 걸지 않는다"(〈그림 속 장미〉)고 한다. 시간은 또 봄 여름 가을 겨울에게 말을 걸지 않고 째깍째깍, 또박또박 지나간다. 시간도 달도 초월적이면서 현세적이다.

마음 몰고 다니던 바람
잠잠해진다
산자두꽃 향기
세상을 한 바퀴
휘이 돌고 나면
세상이 평정되리

바람 한번 불자
산자두꽃 향기
달을 밀고 간다

—〈달에 산자두꽃빛 퍼서〉 부분

이제는 산자두꽃이 수동적인 관찰자의 입장에서 벗어나 달을 밀고 가는 행동의 주체가 된다. "산자두꽃빛이/달에 부어져서/함께 은하수로/내려간다"는 이 시의 결구는, 순간과 영원의 경계를 지우려는 시인의 시간관과 우주관의 산물이다. 순간이 모여 영원이 되고 영원이 나누어져 순간이 된다. 인간이 모여 사회가 되고 사회가 모여 지구촌이 된다. 항성과 혹성이 모여 태양계가 되고 태양계가 모여 우주가 된다. 인간 각자가 소우주이며, 소우주는 우주의 일부다. 시인의 이러한 생각이 잘 나타나 있는 시가 〈마음의 터널〉이다.

땅에 내린 낙화, 스스로 마음 상해 으깨어져
밟으면 유리처럼 발이 아프다
지는 꽃은 붉어 가슴처럼 붉어
그믐달 실눈 뜨고 내다본다

—〈마음의 터널〉 부분

낙화하는 것을 보며 마음 아파하면 한도 끝도 없다. 우리는 "생각하는 갈대"(파스칼)이므로 달을 보며 마음을 달래야한다. 봄이 오면 꽃이 피고 가을이 오면 잎이 떨어지는 생명체의 법칙 혹은 우주의 순환논리를 생각하며 땅에 내린 낙화(생명의 죽음)를 보고 절망하지 말아야 한다. 게다가 시인이라면 "봄이 돌아갈 비단 길 닦아 주는 일"을 해야 한다. 시간에 얽매이지 말고 자연의 이치를 독자들에게 말해 주어야 하는 것이다. 관점에 따라서 생명체의 생로병사는 슬픔일 수도 있지만 위안이 될 수도 있다. "들판을 건너는 내 등에/어린 태양이 유년의 아들처럼 업힌다"(〈어린 태양을 등에 업고〉)고 노래하는 시인에게 생, 생명, 생명체, 생로병사는 슬픔일 수 없다. 우리는 신의 섭리, 혹은 자연의 이치를 '순리'라고 한다. 땅에서 태어난 식물이 땅으로 돌아가듯이 물(양수)에 있다 태어난 우리 인간은 죽으면 추깃물을 흘린다. 물에서 태어나 물로 가는 것이다.

산은 물을 붙잡지 않고
그냥 보내서 좋고
물은 떠날 줄 알아서 좋다

산은 잊어버림으로써
넉넉해 좋고
물은 잊지 않고 다시 찾아와 좋다

산은 말을 절약해서 좋고
물은 천진스런 아이처럼
맑아서 좋다
말이 많아도 좋다

—〈산, 이윽고 물〉 부분

그래서 옛사람들은 요산요수樂山樂水니 산자수명山紫水明이니 청산녹수靑山錄水니 하는 말을 만들어 낸 것인지도 모르겠다. 산은 물과 어울려야 푸르러지고 물은 산 그림자가 담기면 아름다워지는 법이다. 물은 고요히 흘러가도 좋고 소리 내며 흘러가도 좋지만 산에는 나무가 있어야 한다. 그것도 아름드리나무가. 이것이 바로 자연의 이치이며 자연의 자연스러움이다.

굳게 닫힌 하늘의 문을 열자
하얗고 붉은 꽃이 몸에서 피어 나왔다
어떤 고통이나 슬픔에도
울지 않고 지지 않는 꽃이 피었다

—〈꽃이 길 얻다〉 부분

김선영 시인처럼 우리도 생명체의 사라짐을 마냥 슬퍼할 일이 아니다. 생명체로 태어나 잠시 잠깐이나마 이 지상에 머물었던 것을 감사해야 할 일이다. 어떤 꽃이든 좋다.

그 꽃 한 송이가 피어나기까지는 수백만 년 지구의 역사가 필요하였고, 수억만 년 우주의 역사가 필요하였다. 낱낱의 생명체는 그 자체가 우주의 역사歷史와 조물주의 역사役事가 불가분의 관계를 맺고 있다. 만물은 유전流轉하는 것이며 우주는 영원회귀永遠回歸하는 것이다. 영원회귀의 축소판이 사계절이다. 낙화는 꽃의 종말이 아니라 개화를 위한 준비운동이다. 시인이 〈남의 고향 마당에 살구나무 심는 뜻은〉, 〈고향은 봄과 같아서〉, 〈스스로 고향이 되어〉, 〈고향 산 같아서〉 등 고향을 그리워하며 시를 많이 쓴 것도 영원회귀의 사상과 관련이 있다. 연어가 모천으로 회귀하는 것처럼 우리 인간도 때가 되면 고향으로 가고 싶어 한다. 그런 본능을 수구초심首丘初心이라고 하는데, 어찌 보면 모든 생명체의 고유한 본능이 아닐까. 자, 이제는 돌이 무슨 의미를 지니고 있는지 살펴보도록 하자.

돌이 고통 주어서
조개가 울면
울음에 놀란 돌 덩달아 눈물 흘리네

언어 안에 들어온 돌이 고통 주어서
언어가 울면
그 울음에 슬픈 돌 함께 우네

—〈진주〉 부분

작은 돌 하나가 조개에게 고통을 주면 조개는 그 돌이 주는 고통을 인내함으로써 진주를 만들어 낸다. 우는 것은 조개만이 아니다. 돌도 운다. 그런데 시인은 "언어 속에 우는 돌"에 대해 말하고자 한다. 그 돌은 "통곡으로 빛이 되"는 곡비哭婢의 운명을 타고난 존재다. 수명이야 어떠하던지간에 달처럼 찬란한 빛을 뿌리지도, 꽃처럼 향기로운 냄새를 뿌리지도 않는다. 사람들이 우러러보며 감탄하거나 내려다보며 찬탄하지도 않는, 대체로 버려진 존재다.

태초에 태어나
내가, 떠나는 날
나에게로 와서야
겨우 내 이름 하나
업을 돌
그 돌

나에게
그동안 고단했겠다고
편히 쉬라고 다독이며
내 이름 하나
상처처럼
가슴에 새긴 채
서서 늙어 갈 돌
그 돌

얼굴도 모르는 채
이승에서
피안을 업고
살아갈 돌
슬픈
그 돌.

—〈그 돌〉 전문

금강석 같은 보석이 아닌 다음에야 돌은 가장 흔한 것이다. 하지만 어떤 돌은 내가 떠나는 날 묘비가 되어 내 앞에 서 있을 수도 있다. 돌은 장구한 세월에 걸쳐 마모되는 것인데 시인은 "상처처럼/가슴에 새긴 채/서서 늙어 갈 돌"이라고 했다. 길바닥에 구르는 돌 하나는 천년의 세월 혹은 만 년의 세월을 돌로 존재해 왔겠지만 대다수 인간은 백 년 미만을 살다 죽는다. "이승에서 피안을 업고/살아갈 돌/슬픈/그 돌"도 역시 인간의 유한을 말해 주기 위해 끌어온 객관적 상관물이리라. 인간은 유한할지라도 무한을 꿈꿀 수 있으니, 정신 혹은 영혼을 갖고 있기 때문이다. 아래의 시는 김선영 시인의 시론이라고 할 수 있다.

내 마음의 시를
한 말쯤 퍼서
달빛에 붓는다

이랑이랑 붓는다
달밤이 출렁인다

알알이 쏟아지는 달빛과
알알이 쏟아지는
나의 시가 함께 궁굴리며
은하수 큰 강에 밀려간다

오늘 밤
한 사발
이걸 떠서
달과 시를 주신
대우주의 주인께
드리리

—〈잔치〉 전문

대우주의 주인을 조물주라고 하자. 창조주인 그는 시인에게 달과 시를 주었다고 한다. 하지만 실은 달이 있었기에 시인은 시를 쓸 수 있었던 것이다. 달, 달밤, 달빛, 은하수……. 이런 것들을 엮어서 시를 써온 시인이기에 "반짝이고 반짝이는 문자들을/백억 광년에서 골라내어//내,/이 반짝임으로써/그대에게 닿아 가리라"로 마무리 지은 〈길〉의 부제가 '시를 위하여'다. 시인 자신의 몸이야 때가 되면 시계 초침이 멎듯이 멎겠지만 시는 밤하늘의 달처럼 오래오래 빛을 뿌릴 것이다. 돌멩이처럼 여전히 지상의 한 귀퉁이에 놓여 있을 것이다. 꽃처럼 향기를 풍길 것이다.

이번에 내는 제10시집이 아무쪼록 사람들의 가슴에 감동의 해일을 일으키기를 기원해 본다. (제10시집 ≪달을 배웅하며≫ 작품해설)

빛나는 시 100인선 · 3
김선영 시선집

누구네 이중섭 그림

초판인쇄 | 2013년 11월 08일
초판발행 | 2013년 11월 15일

지은이 | 김 선 영
펴낸이 | 서 정 환
펴낸곳 | 인간과문학사

주　소 | 서울특별시 종로구 삼일대로32길36
301호(익선동, 운현신화타워빌딩)
전　화 | 02)3675-3885, 063)275-4000
등　록 | 제300-2013-10호
e-mail | human3885@naver.com
inmun2013@hanmail.net

값 9,000원

ISBN 978-89-969987-6-1 04810
ISBN 978-89-969987-4-7 (전 100권)

이 도서의 국립중앙도서관 출판시도서목록(CIP)은 서지정보유통지원시스템 홈페이지(http://seoji.nl.go.kr)와 국가자료공동목록시스템(http://www.nl.go.kr/kolisnet)에서 이용하실 수 있습니다.
(CIP제어번호: CIP2013023211)